인생의 일기장

인생의 일기장

조정하 시집

창조문학사

|시인의 말|

가을이 오는 뜨락은 쓸쓸하지만, 향기로운 내음이 난다. 시 원고를 다듬으며 이렇게 새로운 시집을 낼 수 있도록 영감을 부어 주신 하나님께 먼저 감사를 드린다.

이번에는 많은 친구들과 시를 공유하며 그들의 말에 귀를 기울였다. 그들이 한마디씩 들려주는 말은 시를 다시 점검하게 했고 다듬게 하였다.

이번에는 빠른 시일 안에 많은 양의 시를 썼고 시간적 여유가 없이 쓰여진 시라 조금 불안하지만, 하나님은 모든 것을 선하게 이끌어 주시리라고 믿는다.

이번에도 시 해설을 써 주신 시인 조윤호 선생님께 깊이 감사드리며 오랫동안 그분의 지도가 있었음을 밝힌다.

끝으로 이 시집을 읽는 사람들이 이 시집을 통해 주님의 사랑을 느꼈으면 하는 바람을 가져본다.

—조정하

차례

제2부. 단비

제3부. 산새

제4부. 과수원에서

제 1부
사랑에 취하면

갈대

바람이 심하게 부는 밤에도
울음을 참았습니다.

긴 가뭄에 쓰디쓴 목마름에도
눈을 감고 견디었습니다.

이 약속의 땅에서
당신을 기다리며

언젠가는 당신의 손에 다듬어질 하나의
튼실한 갈대 피리이기를 바랐습니다.

당신의 선택을 받는다는 것은
황홀한 일입니다.

오늘도 바람 부는 하얀 갈대밭 한 귀퉁이에서
아무런 장식도 없는 노래를 당신에게 띄어 보냅니다.

사랑에 취하면

당신의 푸른 나무 위에
나는 초록색 새가 되어 둥지를 틉니다.

햇살이 뜨겁게 부서져 내리는 여름 오후
당신은 서늘한 그늘을 만드십니다.

하늘은 눈이 부시게 푸르고
깊은 고요 속에 묻혀 있습니다.

사랑에 취하면
모든 것이 아름답습니다.

당신이 내 안에 계시니
시끄럽던 마음이 이제 고요하기만 합니다.

천리 향

오히려
멀리 계십시오.

바람결에
향기를 보냅니다.

꿈을 꾸듯 피워
먼 하늘을 보면

하늘은
아득한 당신.

그리움으로
가득 찬 마음.

진한
향기가 되었습니다.

봄비

너는 햇빛을 가리지만
생명을 깨우는 빛이다.

4월의 하늘을 수놓으며
무수히 떨어지는 빗방울.

너는 겨울을 밀어내는
초록빛 손이다.

너는 빛의 어머니
대지가 푸르게 꿈틀댄다.

강

강은 흐르고
꽃은 또 피고 진다.

단풍에 취한 듯한
산은 향기롭다.

노을 진 언덕에 서서
산천을 보니

바람결에
하얀 갈대 여위어 가고

쉬지 않고 흐르는 강을
막을 수 없네.

편지

풀벌레 울음소리가
밤을 적시는 밤입니다.

이런 밤에는 촉촉하게
마음이 젖어 듭니다.

외롭다는 것은
사랑할 수 있다는 것입니다.

주위를 보면 외로운 영혼들
비에 젖어 있습니다.

지나가는 바람이
피리소리를 냅니다.

살아 있기에 모두가 조금씩
마음 허공을 지니고 있습니다.

마음 허공을 애써 채우려고 하지 마세요.
그냥 하늘이 흐르도록 하세요.

한밤에

별들은
천개의 눈으로
푸른 꿈을 꾸라 하네.

달은
은은한 빛으로
세상을 비쳐주네.

밤은
마냥 고요하여
나를 휴식케 하고

한낮의
어지러운 소음을
모두 삼켜버렸네

해바라기

온종일 햇빛 받으며
당신을 노래했다.

그대를 향한 나의 마음이
애틋한 사랑임을 이제 알았다.

내가 부르는 노래가
당신을 기쁘게 할 수만 있다면

익어갈수록 고개 숙이는 것을
알게 된다면

빛을 지향하는 마음이
그대의 나라로 가는 길목이라면

봄비 2

살아있음을
깨우쳐 주기 위하여

너의 부드러운 손길이
죽어버린 것 같은
대지를 어루만진다.

네 따스한 입김이 닿을 때마다
푸르게 눈을 뜨는 나무들

연두 빛 풀잎 위로
떨어지는 빗방울.

너의 초록 심장을 냄새 맡으며
나는 긴 겨울의 옷을 벗어버린다.

가을 뜨락에서

햇살이 눈부신 곳에서
새들이 훨훨 날아갔다.

가을이 걸어 다니는 나의 뜨락에서
바람은 싸늘하게 피리를 분다.

한 때 비상을 꿈꿨던 나의 마음이
이제는 잠잠해지고 있었다.

텃밭에 고추가 빨갛다.
항의하듯 익은 토마토에
금이 가기 시작했다.

비

그녀가 떠나던 날
11월의 바람이 거세게 불고 있었다.

바람 속에서 그녀를 보내고
허허로운 마음으로 발길을 옮겼다

이젠 지나간 친구의 얼굴만이
덩그렇게 내 기억을 차지하고 있었다.

가버린 자는 말이 없지만
슬픔은 언제나 남은 자의 몫이었다.

코끝에 아프게 와 머물러 있는 것
그것은 슬픔의 내음이었다.

조금씩 비가 내리고 있었다.
얼굴에 떨어지는 빗방울.

조금씩 시야가 흐려지고 있었다.
잘 가라 사랑했던 친구야.
나의 마음에 풍성한 꽃을 피우던 친구야.

사랑 이야기

여름 밤 하늘
바람이 스쳐간 자리에서
별들의 아름다운 노랫소리를 들었어요.

아이의 순한 눈망울에서
당신의 선함을 보았어요.

어디를 보나 천지는
당신으로 충만하네요.

보고 듣는 것
모두가 사랑이에요.
모두가 당신의 이야기예요

하늘처럼 꽃처럼
당신의 모습은 여러 가지 형상으로—

눈물의 창

오래 울어본 사람은
울음 끝에 만들어지는
작은 창과 만나게 된다.

창은 새로운 것을 보여주고
다시 꿈을 꾸게 한다.

절벽 같은 어둠을 뚫고
새어 들어오는 빛.

그 눈부신 빛을 바라보고 있노라면
두려움은 사라지고 마음은 고요하다.

울음 끝에 열려지는
새로운 세상.

눈부신 창으로 보이는 것들은
측은하고 아름다운 것뿐이다.

봄비 3

당신에게 기도하는 새벽에
올 봄 들어서 첫 번째 내리는 빗발소리.

지붕을 또드락거리며
비는 내립니다.

제가 당신에게 하는 기도는
사랑할 줄 아는 사람이 되는 것

당신은 침묵으로 나를 감싸고
대신 방안 가득 빗발 소리로 채우십니다.

올해도 당신의 사랑은 봄을 깨우는 것
죽어버린 것 같은 대지를 두드리는
당신의 푸른 손가락들

밤의 노래

오늘 하루도 당신 안에서
평화로웠습니다.

비어진 가슴에는 푸른 하늘이 흐르고
한가한 노랫소리가 들립니다.

바람만 불었던 나의 강가에는
햇살이 별처럼 반짝여 이제 아름답습니다.

당신이 함께 하실 때
나의 마음은 여유롭고 넉넉하여
온갖 걱정은 사라집니다.

이 밤 당신 앞에 고요히 무릎 꿇으면
가슴 안에서 흐르는 맑은 물소리.

그러나 나는

그러나 나는 당신에게서 듣고 싶은
이야기를 듣지 못했습니다.

나는 개암나무 우거진 수풀로
들어갔습니다.

스치는 바람결이 나뭇잎을 시원하게
흔들며 지나갑니다.

한낮의 푸른 하늘이 흐르고
녹음 진 숲 속은 내 마음을 싱싱하게 했습니다.

진정한 사랑을 할 때 우리는
분별력을 지니게 됩니다.

그러나 당신은 나의
신뢰를 져 버릴 때가 한 번도 없습니다.

만약 우리가

만약 우리가
서로의 슬픔을 보듬어 준다면
서로의 고통을 보듬어 준다면
세상은 한결 부드러워질 거야.

사람들의 마음은 온유해질 거야.
우리의 마음이 꽃처럼 아름답다면
우리의 마음이 꽃처럼 향기롭다면

삶이란
따스한 것일 거야.
서로의 마음에선 훈풍이 불어올 거야.

이슬비

하늘은 하도 외로워
땅에게 말을 걸었습니다.

땅은 너무 가진 것이 많아
하늘의 소리를 듣지 못했습니다.

하늘은 나직하게 속삭이다가
그만 아득해 졌습니다.

메말라 아무 것도 듣지 못하는
땅이 안타까워
부드러운 속삭임은 조용히
이슬비로 변했습니다.

희망

힘이 들어도 너만 보이면
눈물 너머로 하늘이 보인다.

어둠 속에서 지쳐 있을 때
너는 희미한 별빛으로 다가섰지.

가파른 보라 빛 바위산
찬바람만이 아우성칠 때

너는 저 언덕 넘어
봄이 기다리고 있다고 말해주었다.

오늘도 너는 푸른 목소리로 속삭이고
나는 너로 인하여 힘차게 노래 부를 수 있다.

민들레꽃으로

내 가슴 안에는
민들레 꽃씨로 날아다니는
사랑 이야기가 있어요.

어떻게 꽃을 피울지 몰라
안타까워요.

당신의 따스한 사랑을
당신의 변함없는 사랑을

무수한 민들레꽃으로
피우세요.

초원 위에 당신의
순결한 향기로 채우세요.

말이라는 것

말이라는 건 찔레꽃 나무와도 같다.
아름다운 말은 찔레꽃으로 피어
향기를 발하지만

거친 말은 가시가 되어
온몸을 찌른다.

그대가 무심히 던진 말에 찔려
이따금 신음하는 나를 본다.

그대의 상냥한 말 한마디에
온종일 향기에 취해 있는 나를 본다.

사랑

꽃이 필 때는
꽃이 질 때를 생각하지 않았다.

사랑할 때는
미워할 때를 생각하지 않았다.

뒤돌아보니 꽃이 필 때도
질 때도 있음을 알겠다.

하늘이 있음으로
땅이 있음을 알았다.

당신이 있음으로
내가 있음을 알았다.

꿈

너는 비옥한 땅에서 자라는
나무 같아.

비바람이 불어
초록빛 잎새처럼 내가 흔들릴 때

나직하게 속삭이며 붙잡아주는
너의 힘 있는 손.

어둠 속에선
희미한 별빛으로 다가섰지.

너는 가뭄에도 메마르지 않는
샘물 같아.

노을의 계절

여름이 놀란 얼굴로 스러지는 텃밭은
오이 엉클과 호박 넝쿨이 갈색으로 메말라 있다.

하늘은 더 높아 푸르고
단풍잎이 불이 붙는 이때

나는 우리들의 사랑이 향기로운
열매 맺기를 꿈꾼다.
어제와는 달리 더욱 성숙하게 여물어 가기를…

시간은 강처럼 쉬지 않고 흘러 그 풋풋했던
우리들의 젊음을 밀어내고 있다.

가을, 그 쓸쓸한 이름처럼 가을이 짙어 지면
뜰에 수북이 쌓인 낙엽은 바람에 흩어지겠지만

노을의 계절, 우리는 세월의 얼굴이 되어
서로를 바라보는 눈빛이 마냥 따스하고 정답다.

이별

긴 강을 타고 간다.
작은 쪽배 안에서
물을 움켜 잡아보는 것은
반짝이는 햇살을 잡으려는
헛손질.

돌아보지 않아도
울고 있을 너의 얼굴.

지그시 입술 깨물며
또다시 물에 고인 햇살을 잡으려는
헛손질.

사랑 2

당신이 나무 위에서 낙엽을 떨치는 것은
나무가 겨울을 나기 위해서일 거예요.

겨울나무는 외롭게 보이지만
꿈으로 채워져 있고

아무도 바라보지 않아도
나무는 늘 아름답습니다.

모든 것을 주시는 당신에게 우리는 감사할 줄 몰라
당신은 또 고독한 하늘이 되어야 하고

당신의 사랑은
꿈을 잃은 사람에게 다시 꿈을 꾸게 하십니다.

그대에게

당신은 아침에 일어나면
나팔꽃에게 인사하는 그런 사람입니다.

당신은 지극히 소박하여
풀잎의 푸르름을 사랑하는 분.

따스해서 마음을 기댈 수 있고
바람 같은 나를 보여줄 수 있는 사람.

당신을 보면
사랑이란 것은 그렇게 큰 것이 아니라는 생각이 들어요.
조금 더 관심을 갖고 마음을 열어놓는 것

귀 기울여주고
들꽃 같은 마음을 전하는 것

분꽃

초롱초롱하게 피어
시골 장독대 옆을 지키던 너.

너를 생각하면
개울물이 흐르고 고향집이 떠오른다.

빨강, 하양, 분홍색 꽃등을 켜고
마당을 환하게 했던 너.

내 시장기를 걱정하던 엄마처럼
따뜻하고 푸근하게 내 뇌리에 새겨진 꽃.

제 2부
단비

첫눈

가로등 아래로 부슬부슬
눈이 내리고 있다.

세상은 정적 속에 묻혀 있고
눈이 오는 소리가 들리는 듯

잡힐 듯 멀어져간 시간을
회상한다.

그때도 이렇게 눈이 내렸지.
그대와 걸었던 하얀 거리.

시간은 젊음을 걷어가고
이제 하얀 추억으로 눈 속에 남아있다.

하얀 첫눈이 내린다.
곤하게 잠든 당신의 숨소리가 달다.

눈

눈이 사풋사풋 쉬지 않고 내린다.
겨울나무의 발목이 눈 속에 푹푹 빠져 있다.

겨울눈을 맞으며
하얀 사랑을 하고 싶다.

나무처럼 아름다운 사랑을—
보답을 바라지 않는 하얀 마음으로—

눈이 온 마을을 뒤덮어
모든 것이 다 하얗다.

눈이 내린다.
하늘에서 하얀 눈송이가
함성을 지르듯 쏟아지고 있다.

동주

우리 동주는
눈을 좋아하는 아가씨.

그곳에 소담스레 하얀 눈이 내리면
너는 눈을 맞으며 무척 좋아하겠지.

우리 동주는
자나 깨나 눈이 내리기를 기다리는 소녀,
순결한 너처럼 하얗게 눈이 쌓이면
너는 까만 코트를 입고 눈 속을 걸어 보겠지.

곱게 쌓여 있는 눈 위에
네 하얀 발자국을 남기면서….

가을밤

고요한 밤
가랑잎 떨어지는 소리.

밤이 깊어
곤하게 잠든 당신의 숨소리가 달아

지순한 눈으로
당신을 바라본다.

살아 있다는 것은 참 좋은 것
사랑으로 가슴이 부풀어 오른다.

창밖엔
하얀 달빛이 내리 쌓이고—

3월

아침에 봄의 얼굴이 엿보여
당신과 나는 산책을 한다.
봄을 호흡하기 위하여—

겨울나무를 스치는 바람이
하늘빛이다
당신은 나의 손을 꼭 잡는다.

어디선가 꽃이 피었는지 모르겠다.
한결 누그러진 바람.

당신의 눈에 봄이 와 있다.
따스하고 다정한 눈빛
올봄 제일 먼저 핀 꽃.

겨울 허수아비

앙상한 나의 꽃밭에
묵묵히 서 있는 겨울 허수아비야,
바람만 거세게 부는데
너는 넘어질 듯 넘어질 듯하면서
쓰러지지 않는구나.

오늘은 눈보라가 치는데
너는 누구를 기다리며
눈 속에서 쓸쓸히 서 있느냐?
너는 마치 매서운 겨울을 견디고 있는
또 하나의 나를 보게 한다.

삶이란 다양한 얼굴을 하고 있어서
때론 봄볕에서 꽃을 피울 때도 있지만
추운 겨울에 어색하게 서 있는 겨울 허수아비 같은 것

그러나 어두운 겨울이 지나가고 나면
어김없이 봄이 오는 것처럼 나는
꽃이 만발할 그날을 기다리며 산다.

2020년 봄날

나의 뜰에서 놀고 있는 것은
로빈 입니다.

한낮의 햇살이 하얗게 부서지는
잔디밭은 푸릅니다.

약속처럼 바람이 불고
앞집의 배나무는 하얗게 꽃망울을 틉니다.

팬데믹 (Pandemic)의에 공포에도 불구하고
2020년의 봄은 새로운 꽃을 피웁니다.

나뭇가지에서 울고 있는 것은
로빈 입니다.

나의 새날이 동터오더니 어느새 노을이 드리워집니다.
당신의 질서 안에서 하루는 속절없이 저물어 가고
당신 앞에서 나는 한없이 작습니다.

봄비 4

너는 두드린다.
얼어붙은 대지, 대지들을

높은 곳에서부터 가장 낮은 대지를
두드리다가

푸른 싹을 키웠구나.
나무의 푸른 눈이 뜨였구나.

이 때이면
너는 잦은 방문객

굵은 빗살을 받은 대지가
푸르게 꿈틀댄다.

오늘은
먼 산이 푸른 안개로 자욱하다.

호박꽃

호박꽃은 순한 눈빛으로
꿀벌을 부른다.

꿀벌은 호박꽃 속에서
노란 꽃가루를 온몸에 묻히며
엉금엉금 기어 다닌다.

호박꽃은 푸근하고 정답다.
누가 언짢은 말을 해도
빙긋이 웃어넘기는 사람처럼
넉넉하고 여유롭다.

신선한 아침에 싱싱하게 피어 있는
호박꽃을 보노라면
흠뻑 안겨오는 한 아름의 평화.

단비

가뭄에 내리는 비는 아름답다.
초록 나뭇잎 위에 내리는 빗발은 싱싱하고
아스팔트 길 위에서 비는 팔딱팔딱 춤을 춘다.

가뭄에 내리는 비는 달다.
갈증 난 대지가 푸르게 기지개를 켜며 일어선다.

허공에 하얀 선을 그으며 비가 내리면
방안에 들려오는 호젓한 빗소리.

이렇게 아름다운 음악이 또 있을까?
빗소리에 귀 기울이다 보면

어느새 맑아져 오는 마음
어느새 착해진 마음.

그대와 나

당신과 나
Black eye susan이 오래 피어 있는 것처럼
오랫동안 꽃을 피워요.

당신이 나를 떠나면
내 마음은 소금밭에서 부는
바람처럼 쓸쓸할 거예요.

당신과 나
조그마한 사랑을 하여요.
등불을 켜고 어둠을 밝히는 작은 빛이 되어요.

코스모스

네가 예쁠 수 있는 것은
흰 달빛이 너를 쓰다듬기 때문.

네가 가냘프게 보이는 것은
서늘한 바람이 너를 껴안기 때문.

네가 사랑스러울 수 있는 것은
별들의 눈물을 품어 주었기 때문.

노래 하나

당신이 열어 논 하늘 창가에 기대어
나는 노래 불렀네.

밤은 깊은데 서늘한 바람 속에서
가랑잎 몇 개가 굴러와 내 곁을 지켰지.

흰 초승달이 은하수를 헤치고
별이 초롱초롱한 밤에

꿈결 같은 이 시간
나는 당신에게 나의 마음을 노래하였네.

하얀 국화

누구의 영전에 바쳐 지려나
너는 서리 맞으며 피는 꽃.

화려한 곳을 거부하고
가장 슬픈 곳을 찾아다니는 꽃.

너의 적삼은 서리 빛
단정한 모습으로 마지막 가는 이의 길을
하얗게 꽃등으로 밝힌다.

매화꽃

당신은 순전하시지만
나는 바람과 모래알에 상처 입은 꽃.

이른 봄 일찍 피어
꽃샘바람에 시달리네.

당신은 사랑인지라
내 아픔 알알이 함께 아파하시네.

치유하시고 싸매 주시는
당신께 내 드릴 것 없어
상처로 얻은 향기를 드리네.

기도

당신에게 또 사람에게
요구하는 말을 하지 말게 하소서.

그냥 감사하다고, 함께 있어 주어 기쁘다고
그렇게만 말하게 하소서.

침묵은 또 다른 언어
마음을 이어주기도 합니다.

오랫동안 귀 기울이게 하소서
소음 많은 이 세상.

듣는 이가 더 많아
사랑이 살아나게 하소서.

뜨락에서

나의 뜨락에 토마토가 자라
튼실한 열매를 맺었습니다.

지금은 8월, 붉게 익어가고 있습니다.
심은 것은 나지만 자라게 하시는 것은 당신
굵은 토마토를 보며 푸른 하늘을 봅니다.

당신은 천지에 충만한지라
곳곳마다 당신의 향기로 가득합니다.

떡갈나무 잎새 사이로 들려오는
새들의 날갯짓 소리.

하얀 햇살과 눈부신 하늘이
향기로운 한낮.

산국화

나는 늘 푸른 고요 속에서 살지.
가을 하늘을 닮고 싶은 마음으로…

이따금 비바람이 칠 때도 있지만
그때는 내 삶을 되돌아보지.

누군가에게 아픈 말을 들었을 때
나는 그분이 나를 다듬고 계시다는 걸 안다.

섭리에 순응하는 마음으로
나는 항상 푸른 하늘을 그리워하며 산다.

생각 하나

어렸을 적에 빨래를 하면
흐르는 시냇물에 빨래를 깨끗이 헹구어 놓았다

마음도 그렇게 할 수 있으면 좋겠다.
나쁜 생각과 언행을 했을 때
마음을 꺼내어

해맑은 가을 하늘 물살에
깨끗이 헹구어 냈으면 좋겠다.

당신을 사랑하는 일은

당신을 사랑하는 일은
때론 모진 몸살기와 같은
고통을 느끼는 일이기도 하지만

6월에 핀 장미처럼
향기롭고 행복해지는 일이기도 하다

당신을 사랑하는 일은
한없이 작아지고 단순해지는 것

들꽃처럼 자연스럽게
사랑에 길들여져서

홀로 빗속을 헤매는 이에게
가만히 손을 잡아주는 일이다.

목자의 마음

어제 불었던 거센 바람에
토마토 plant가 쓰러져 있습니다.

주먹만 한 푸른 토마토를 맺은 채
힘없이 무너져 있습니다.

오늘 날이 밝으면
토마토 plant를 다시 일으켜 세우겠지만

하나님, 토마토를 하나도 잃지 않게 하소서.
당신이 주신 귀한 열매를 하나도 놓치고 싶지 않습니다.

당신의 마음을 조금은 알 듯합니다.
당신이 사랑하시는 양을 하나도 잃고 싶지 않는 목자의 마음을…

나무

어제는 거센 바람이 불어
창밖의 나무들이 소리쳤습니다.

햇빛이 나면 서늘한 그늘을 만들어 주고
바람에 시달릴 때도 아름다운 음악 소리를 냅니다.

어디를 눌러도 듣기 좋은 소리만 내는 악기처럼
나무는 비가 오거나 바람이 불어도 한결 같습니다.

나무의 은은함 속에서 향기로움을 느낍니다.
당신의 사랑처럼 아름답습니다.

가을에

가을입니다
당신은 서릿빛 정갈한 의상으로 오셨습니다.

새벽에 나가 하늘을 보면
별들은 촉촉이 젖은 채 나를 봅니다.

세상은 고요하기만 하고
가을의 향기가 물씬 풍깁니다.

누가 사랑을 보았나요.
변화하는 계절 안에서
나의 하늘은 조금씩 가까워지고

사랑은 처연하게 아름다운 것
사랑을 만나 걸어가는 나의 길은

이제 고독에 길들여져서
외롭지 않습니다.

긍정적인 말

긍정적인 말은 다른 이의
기운을 북돋아 준다.

숨을 고르게 쉬게 하고
자연스러운 몸짓을 하게 한다.

누군가 나를 바꾸려고 하면
나는 부자연스러운 몸짓이 되어야 하고…

당신의 긍정적인 말은
내 마음의 꽃밭을 싱싱하게 물이 오르게 한다.

가을밤 2

가을은 어느 별에서 흘러들어 왔을까?
밤은 깊은데 풀벌레 울음소리.

나는 deck에 앉아
조금은 차가운 바람을 맞았지.

당신은 사랑이셔서
내 마음에 은은하게 꽃을 피우네.

깊어 가는 가을밤
울며 날아가는 기러기 떼들
봄, 여름, 가을, 겨울의 멋스러움.

오늘밤에도 나는
당신의 깔끔한 향기에 젖어 들고—.

초가을 아침

햇살이 드맑다.
평화로운 아침

모든 것이 고요하다
텃밭에 토마토가 붉게 익어간다

머리가 희끗희끗 해진 사람들
우리들의 계절이다.

풍성하게 열매 맺는 가을
우리도 그렇게 풍성해지자.

조용한 아침이다.
편안한 아침이다.

사람들

가을은 옷깃에 스며들어
사랑처럼 나를 적시네.

도처에서는 가을 내음이 나고
포도 익은 달콤한 내음.

오늘은 당신의 사랑 안에 거하는
성숙한 사람들을 생각했습니다.

가을처럼 조금은 쓸쓸하고
향기로운 사람들을…

그들은 멀리 있지만
그들과의 만남은 언제나 당신을 생각하게 하고

그들을 통해 얻는 기쁨과 다듬어질 때
느끼는 아릿한 아픔이 있음을 당신은 아십니다.

오늘

어제는 한 점 바람으로 지나갔습니다.
오늘은 하늘이 푸르고
맑은 햇살이 내립니다.

내 속에서 끊임없이
나를 다듬고 계시는 분.

때론 많이 아프기도 하지만
조금씩 당신을 알아가는 기쁨이 있습니다.

어제는 닿을 수 없는 머나먼 별이 되었습니다.
오늘의 나는 어제와는 조금 다르고

당신을 향해 부르는 나의 노래는
소망의 푸른빛입니다.

제 3부
산새

나팔꽃

너는 아침 햇살 아래서만 피는 꽃.
보라 빛 분홍빛으로 피워
나의 뜨락을 환하게 하네.

뜨락에 나가 인사를 하면
너는 예쁜 얼굴로
방긋방긋하게 웃고

7월의 이른 아침
태양을 보며 사랑처럼 꽃을 피운다.

너는 아침을 기다리며 밤을 지새우는 꽃.
이슬 젖은 푸른 잎새 사이에서

밤새 쌓인 그리움을
꽃으로 피우는 정다운 꽃.

우리들의 세상

당신이 잠 못 이루는 밤은
별 하나 없는 죽은 듯이 적막한 밤.

그러나 아침이 오면 적막은 간곳없고
햇살 꽃, 사람 꽃으로

다시 활기를 찾는
그지없이 아름다운 우리들의 세상.

모두가 사랑입니다

아기 염소가 밤새 앓아 그 옆에서
밤새 울었다는 나의 조카처럼

나도 다른 이의 아픔에 좀 더
민감했으면 좋겠습니다.

좀 더 다른 이를
살필 줄 아는 마음이라면

남의 기쁨을
내 것 인양 기뻐할 줄 안다면

남을 위해서 흘릴 수 있는
눈물이 있다면

모두가 사랑입니다.
그래서 세상은 살만 합니다.

도토리

다람쥐 양식인 도토리를 주어와
조금 보다가 도로 갖다 놓겠다고
당신은 말했습니다.

그 말이 얼마나 예쁜지요.
당신의 마음이 담긴 편지는
아무런 치장을 하지 않아도 한 편의
아름다운 시입니다.

다른 사람에게도 그럴 거예요
있는 그대로 아무런 기교를 부리지 않아도
그 마음을 그대로 느낄 수 있는 시라면
얼마나 아름답습니까.

장로님, 도토리를 좀 더 오래 두고 보셔도 돼요.
하나님은 다람쥐에게 또 다른 양식을 주실 테니까요.

가을에 2

가을이 스며든 나의 뜨락은
조금은 쓸쓸한 듯, 향기롭습니다.

바람이 불적마다
잎새들의 달랑거리는 소리.

우리들의 가을
지금은 비워지는 기쁨을 노래해야 할 때

세상 것 내려놓고
드맑은 가을 하늘을 봅니다.

겨울을 나기 위해서 낙엽을 떨구는
가을 나무의 지혜를 봅니다.

산새

산새는
산이 좋아 산에서 사나보다.

나뭇잎 향기 맡으며 노래를 하면
불어오는 부드러운 바람결
듣는 이 없어도
행복하기만 하네.

산새는 나무 위에 작은 둥지를 틀어
꿈을 키우듯 새끼 새들을 키우네.

기름진 깊은 산 속
푸른 휘파람 소리 들으며

산새는
산이 좋아 산에서 사나보다.

석양에

오늘은 노을이 곱습니다.
석양을 보며
시를 쓰고 있는 나는 행복합니다.

친구들이 낙엽처럼 하나 둘
까닭도 없이 나를 떠나도

당신은 언제나
내 곁에 계십니다.

고요하신 당신이 계시기에
내 삶은 외롭지 않습니다.

이제 하나의 들꽃으로 피어
당신을 향해 새 노래를 부르게 하십시오.

개나리

긴 겨울 끝에 구석진 곳에서
너는 눈이 부시게 핀다.

주위에 초라함을 덮으며
너의 사랑은 그렇게 빛나고

마음이 삭막해지기 쉬운
4월의 얼씬함 속에서

노랗게
빛을 발하는 꽃.

너는 새끼 새의 노란 부리처럼
그렇게 여리고 싱싱한 새 봄이다.

편지 2

당신이 보내신 편지는 잠시나마
나를 한 송이 장미로 서있게 합니다.

장미는 꿈을 꾸듯이 피워
주위를 아름답게 합니다.

가시가 있어 선 듯 다가설 수 없지만
멀리서 바라보는 것만으로 행복한 꽃.

장미는 당신의 마음
향기를 안고 이곳까지 달려왔네요.

나도 서둘러 향기를 모아
당신에게 보내고 싶습니다.

장미의 향기를 담아
당신에게 긴 편지를 쓰고 싶습니다.

기도 3

당신에게 드리는 나의 기도가
단순하게 하소서.

모든 요구가 없어지고
담백하고 담담한 그런 기도이게 하소서.

철없는 아이처럼 보채기만 했던
나의 기도가

들꽃으로 피어나게 하시고
맑은 물이 되어 흐르게 하소서.

아침 햇살의 눈부심으로
당신의 사랑을 재확인하며
피어나는 나팔꽃이게 하소서.

편지 3

당신이 나무그릇에 모아둔
알찬 도토리를 보며
예쁘다고 생각했습니다.

당신이 좋아하는 것을
나도 좋아하고

그래서 요즘 나는
시를 씁니다.

당신은
세상에 보탬이 되는 사람.

살아있는 것만으로
당신의 향기가 나고

나는 당신의 영감을 주는 고운 답글에
오늘도 시를 씁니다.

아이

어두워지면
하늘이 눈을 감지요

먼동이 터오면
하늘이 눈을 뜨지요

"엄마 하늘이 눈떨어?"
어느 자폐아 아이의 말이죠.

너무 상큼한 이 말에
어른들은 감동을 받습니다.

우리가 생각하지 못하는
별처럼 해맑은 마음입니다.

그녀 2

수국 꽃이 하늘빛으로 피워
내 뜰을 밝힙니다.

편지를 쓰듯 시를 쓰며
나는 먼 곳의 그녀를 생각합니다.

그녀는 수국 꽃을 닮아
사랑스럽습니다.

내가 사랑하는 당신을
나날이 닮아가고 있는 그녀.

그래서 그녀의 이야기는 언제나
당신의 사랑으로 가득합니다.

수국 꽃이 만발한 밤
하늘에는 별들이 꽃을 피우고

오늘밤에도
나는 꽃을 따듯 시를 땁니다.

비 2

긴 가뭄 끝에 내리는 비는
아름답습니다.

모두가 애타게 기다린 지라
더욱 달콤합니다.

비는 나무 잎새를 적시고
밭에 있는 토마토 뿌리에 스미며 노래합니다.
기쁨을 노래합니다.

나의 시동생은 쏟아지는 빗속에서
오랫동안 서 있었다고 합니다.

달콤한 빗속에서
마음이 춤을 췄다고 합니다.

망초꽃

숲 속 오솔길에
즐비하게 피어 있는 망초꽃.

그 꽃을 보며
소박한 사람들을 생각합니다.

아무 것도 지닌 것 없는
몸이 전부인 사람들을—

망초꽃은
눈에 잘 띄지 않지만

그러나 꿈의 씨앗은
바람을 타고
미지의 땅으로 가게 될 것입니다.

그곳에서 사랑을 안고
다시 피워날 것입니다.

샤론의 장미

앞집에 샤론의 장미가
무수히 피었습니다.

하얀 빛이면서도 분홍빛을 띄우고
하늘 빛 그리움을 안고 서 있습니다.

누구를 위한 단장입니까?
뙤약볕을 견디며
사랑처럼 다가오는 꽃.

하늘을 사모하며 사는
우리들의 그리움인 양

오늘도 행복해하며
싱싱하게 물이 올랐네.

토마토

당신에게서 온 토마토를
따 먹었어요

당신이
주신 선물이에요.

우리에게 주어진 모든 것
당신에게서 온 것임을 때론 망각해요.

토마토에선
햇빛과, 비, 바람 내음이나요.

당신의 사랑이
잔잔하게 베였어요.

가을밤에

달빛에
서리 묻은 국화 꽃잎이 반짝여요.

바람결에 묻어 나오는
국화의 은은한 향기.

풀벌레 울음소리도 그치고
이제는 안식해야 할 겨울이 다가와요.

잎새 없는 나무를 보면
마음은 더 가난해지고

사랑은 따스하게 마음을 차지하여
연민의 눈으로 사람들을 바라보게 해요.

새벽에

하늘처럼 늘 똑같지만
새벽은 새로운 모습으로 나에게 오네.

새벽은 나에게 기쁨을 주고
시를 쓰게 하네.

나를 격려해 주는 친구들이 있어
나는 행복하고

잘못된 마음을 깨우쳐 주는
친구가 있어 기쁘네.

오늘도 이재숙 장로님의 답글을
기다리는 마음 또한 행복하네.

사랑하며 빛 안에서 살고 싶다는
소망은 시를 쓰게 하네.

그녀 4

다시 태어나면
그녀는 나무가 되고 싶다고 했다.

아름다움을 동경하는 마음이
차라리 나무이기를 바랐다

자신의 누추한 삶을 버리고
청청한 나무이기를 바라는 마음.

남의 가슴에 들어가
한 편의 시로 흐르고 싶어 했다.

만약 당신이 물으신다면

당신이 나에게 사랑하는 이유를 물으신다면
꼭 이유라 할 수 없지만

그동안 당신이 나에게 인내한 세월과
나를 품어주고 아끼는 마음입니다.

그러나 이유가 없어도 당신을 사랑할 것이고
나는 당신의 영원한 여인입니다.

당신이 나에게 왜 사랑하느냐고 물으신다면
굳이 이유라 할 수 없지만

당신의 따스한 배려입니다.
누구에게나 관대한 당신의 친절한 마음입니다.

그러나 그런 이유가 없어도
나는 당신을 사랑할 것이며

변함없는 삶의 동반자로서
당신을 내게 주신 하나님께 깊이 감사하는
기도가 있음을 당신은 아시는지요?

초가을

가을이 왔네.
뜰은 가을 향기.

여물어 가는 곡식
익어 가는 사과.

바람결에
나뭇잎 달랑거리는 소리.

투명해진 햇살에
세상은 해맑아 지고

가을이 왔네.
내 속이 여물어 가네.

마음의 거울

당신은
내 마음의 거울.

당신은
나에게 깨달음을 주시고

잘못 살아온 세월에
눈물 짓게 하네.

그러나 당신은 더 많이
살아갈 수 있는 힘을 주시고
기쁨을 안겨주는 분.

나로 하여금
고요히 사랑하는 법과

내가 추구해야 할 것
버려야 할 것을 알려 주시네.

기다림

기다림은
푸른빛이다.

꿈이 있고
기대로 부풀은 마음.

모든 기다림에는
은은한 빛깔이 있다.

별처럼
먼 것 같지만

아주 가깝게
곧 들릴 것 같은 발자국 소리.

기다림에는
꽃잎처럼 섬세한 마음이 있다.

소중한 것

가을은 드높은 하늘과
맑은 바람을 가져옵니다.

가을을 사랑하는 일은
지는 낙엽처럼 쓸쓸한 일이기는 하지만

저문 빈 벤치에 앉아서 보는
노을처럼 아름답습니다.

나의 가을 입니다
날마다 당신을 알아가고 더 가까워지는 삶은

세상 사람들이 한 어떤 업적보다
나에겐 더 소중합니다.

제 4부
과수원에서

과수원에서

당신 안에서
조그마한 열매를 맺었습니다.

나는 과수원 구석진 곳에 서 있는 나무.
지금은 풋 내음이 나지만

내가 당신에게 드릴 수 있도록
열매를 키우시고 익혀주세요.

맛있고 향기로운
열매가 되게 해주세요.

9월

9월은 물빛으로 바람이 불고
햇살은 드맑다.

눈부신 푸른 하늘과
포도 익는 단 내음이 있다.

9월은 사람들의 서늘한 눈빛이 있고
따스한 미소가 있다.

곡식을 익히는 그분의 사랑이 있고
작은 우리들의 사랑.

그 사랑으로 이웃과 울고 웃는
따스한 마음이 있다.

초가을 2

여름 막바지
나뭇잎이 지친 듯하다.

푸르고 싱싱했던 모습이
이제 쉬고 싶은 듯
작은 바람결에도 술렁거리네.

봄, 여름 사랑하며 살았다며
가을을 껴안는 모습이다.

나도 나무를 닮아 가을을 안고
가을 노래를 부르고 싶다.

눈

하늘에서
흰 꽃잎같이 눈이 내리네.

계절이 바뀔 때마다
새로운 얼굴이 되고

봄, 여름, 가을. 겨울은
특유의 아름다움을 지니고 있네.

당신은 사풋사풋 날리는
눈의 이야기를 들은 적이 있는가?

먼 하늘나라의 이야기를
하얗게 풀어놓고

오늘도 내 하얀 창가는
조금씩 그 이야기가 쌓여가네.

사랑 3

당신은 분홍색 조그마한 노트를 사다 주면서
시를 쓰라 하셨습니다.

당신의 마음이 전해지는 순간
그 마음처럼 예쁜 시를 쓰고 싶습니다.

사랑하는 일은
그렇게 큰일이 아닙니다.

작은 것이라도 마음의 표시
순간순간을 채우는 일상적인 것

누구에게나 통하는 건
사랑의 마음입니다.

가을

뜰은
가을이 오는 발자국 소리.

지친 여름이
눈을 감으려고 한다.

바람이 불적마다 나뭇잎의
메마른 소리.

인생에서도
가을이 있기 마련

머리카락이 희끗희끗해진 나
가을이다.

가을엔
노을 빛 잎새처럼 향기로워지고 싶다.

힘을 주소서

나의 꿈은 늘 푸르지만
이따금 몰려오는 불안스러운 바람.

어쩌면 당신이
내 곁에 있지 않다고 생각이 들 때

나의 푸른 꿈은 빛을 잃습니다
나는 어둠속을 잠시나마 헤맵니다.

당신이 나와 함께 하심을 강하게 느낄 때
누리는 평화와 안도.

항상 그 기쁨 안에서 살게 해 주십시오.
늘 나에게 새 힘을 주십시오.

여름 꽃

꽃밭에서 씨앗 영그는 소리를
들어 본 적이 있는가.

늦여름 꽃밭에 나가면 익어가는
씨앗들의 이야기.

다시 태어날 것이라고
다시 예쁘게 꽃을 피울 것이라고

먼 하늘빛 꿈을 안고
가을이 오기 전에 서둘러 익어가네.

낙엽으로

쓸쓸하게 가을비가 내리던 날
잎새들이 무겁게 떨어졌다.

나의 뜰은
젖은 잎새로 쌓여가고

버릴 것과 남길 것을 생각하며
당신 안에서

소중하게 생각했던 세상 것들은
낙엽으로 뚝뚝 떨어졌다.

가을나무

네 아름다움은
사람들의 마음을 적실 거야.

네 향기는
하늘에 가 닿을 거야.

가을이라 너는 노을빛으로 물들어
떠날 준비를 하는 나무.

사랑할 때와 떠나야할 때를
분명히 아는 사람처럼

눈 3

네가
하얗게 내리는 날.

나는 귀 기울이며
하늘 이야기를 듣고 싶어 한다.

너는 사풋사풋 내려와
땅에 것을 덮어 버린다.

때 묻은 것이
하얗게 덮어질 때

나는 비로소
먼 하늘 이야기 속으로 빠져든다.

팬데믹

올해는 고요히 살라 하셨습니다.
모두가 하는 일 내려놓고

좀 더 생각하며
이웃과도 거리를 두라 하셨습니다.

2020년은 세계적으로
심하게 앓고 있어 모든 계획은 미루고

멈춰 서서
모든 것 다시 한 번 생각하며

그동안 보지 못한 것 보라 하셨습니다.
잠시나마 쉼을 가지라 하셨습니다.

올해는 모두가 수확한 것은 별로 없지만
그 속에서 당신의 숨은 뜻을 발견하라 하셨습니다.

별

땅에서는
두 종류의 사람이 있네.

별을 보며 사는 사람과
땅에 것만 추구하는 사람이 있네.

땅에 것은
마음을 채우는 것뿐.

오늘도 나는 별을 보며
푸른 꿈이 여물어 가는 걸 보네.

우리들의 마음

친구가 가져온 이름 모를 꽃이
한 송이 더 피어 웃네요.

분홍빛으로 방안을 밝히며
나와 더불어 꽃을 피웁니다.

살아갈 수 있는 힘은
사랑.

세상은 각박한 것 같지만
사랑 안에 거해요.

우리 모두 사랑을 갈망하는
간절한 마음이 있어요.

당신이 오시던 날

당신이 오시던 날
우리들의 꽃이 하나 더 피었어요.

빛깔도 향기도 없이
우리들의 마음에 피었어요.

해가 갈수록
꽃송이는 늘어나고

당신과 나의 이야기도
더 쌓여가고—

들꽃처럼

신문을 보지 않으면
어지럽게 돌아가는 세상을 보지 않아도 돼요.

TV를 시청하지 않으면
많은 이야기를 듣지 않아도 돼요.

나는 많은 것
보고 듣고 싶지 않아요.

들꽃처럼
고요히 살고 싶어요.

여름 밤 해변

별빛이 내리 쌓이는
해변을 우리는 걷지요.

사람들을 피해
우린 밤 해변을 걸어요.

지금은 사람들 틈에 있으면 안돼요.
서로 조심해야 해요.

해변의 별빛은
초롱초롱하고 굵어요.

큰 별을 보는 것만으로
우리는 충분히 기뻐요.

파도 소리에
우린 손을 꼭 잡아요.

삶이란

소박할수록 좋은 것
많은 것 보고 듣지 않아

모르는 것이 많아도
알아야 할 것만 알아도 되는 것

되도록 계산은 피하고
둥글게 살아야 하는 것

가장 귀한 것이 무엇인지
꼭 알아야 하는 것

인생의 일기장

인생은
한권의 두꺼운 일기장.

계절이 바뀔 때마다
새로운 빛깔과 다른 이야기가 있습니다.

하루하루가
기록된 내 일기장에는

얼룩이 많고 눈물자국도 보이지만
당신의 아름다운 이야기도 있습니다.

지금은 인생 가을
이젠 맑은 하늘과 바람이 깃들었으면 합니다.
당신의 사랑 이야기로 채워졌으면 합니다.

아침에

가을이 언 듯 보이는 뜰은
나뭇잎이 지친 듯해 보인다.

오후에 더운 날씨와는 상관없이
9월이 다가오니 벌써 쉬고 싶은 듯

여름 꽃이 지고 있다
까만 씨앗이 꿈을 꾸며 여물어 가고

나는 창밖을 보며
올 가을 찬란하게 물들 낙엽을 생각하며

나는 당신에게 묻는다.
어떻게 쓸쓸하고 아름다운 가을을 품어야 할지…

기다림

딱히 기다리는 것도 없는데
나는 무엇인가를 늘 기다리며 산다.

기다림은 희망과 통하지.
별을 바라보는 마음이지.
푸른 하늘을 바라보는 마음일 거야.

뚜렷한 꿈도 없는데
나는 늘 꿈을 꾸고

형태도 빛깔도 없는 꿈속에서
나의 가을은 깊어만 가고—

우리들의 사랑

당신을 사랑하는 마음은
이제 고요합니다.

푸른 하늘처럼 여유롭습니다.
맑은 물결같이 담백합니다.

당신의 따스한 눈빛이 편안하듯
멀리서 들리는
당신의 기침소리조차 정겨운 가을 한낮.

우리들의 사랑은 깊은 물처럼
이제 소리를 내지 않습니다.

새벽에

이른 새벽
시간의 흐름을 피부로 느끼며

나는 초점 소리와 함께
날아가네.

하루하루 사랑 안에서 사는 삶은
보람이고 행복이지.

시간을 타는 이른 새벽은
맑은 물소리로 꽃을 피운다.

가장 아름다운 것은 사랑,
이 빛을 가슴에 품는 이른 새벽에—

2월

겨울 벌판에
쓸쓸히 눈발만 날린다.

겨울은
모든 것을 잠재우고

평안과 안식 속에
거하게 하네.

2월은
시린 바람 속에서 날이 저물고
또 동이 터 오고

아직은 눈발만 날리는데
사랑은 깨어 봄을 준비하실 거야.

겨울 여인

겨울바람이
눈빛 하얀 외투를 입고 지나가네.
너의 차디찬 얼굴이 눈 쌓인 거리를 누비고

눈은 자꾸 쌓여 가는데 인적 하나 없는 거리는
네 괴성에 숨을 죽인다.

너는 겨울을 사랑하는 매서운 눈빛을 한 여인
눈 위에서 원무를 추며 행복해하는 너는—

가을 2

올해도 가을 숲속에서 나오는
슬픔을 내음 맡을 것이다.

하늘 한 귀퉁이를 물들이며
가을이 익어갈 때

나는 한숨 쉬며 그러나 살아있음에
또 한 번 감사할 것이다.

올해도 어김없이
쓸쓸한 가을은 찾아오고

내 속을 송두리째 저으며
계절은 흐를 것이다.

따끈한 커피 한잔을 마시며
익어가는 가을이 꼭 슬픈 것만은
아니라는 걸 알게 될지도 모른다.

겨울의 기도

겨울엔
그를 향한 나의 사랑이 그의 추위를 녹이게 하소서.
내가 사랑하는 이에게
내가 주는 사랑이 그의 마음을 훈훈하게 하시고

어떠한 일에도
그를 향한 나의 마음이 비틀대지 않게 하시어

당신이 나에게 많이 인내하듯이
나도 그를 품어 안게 하소서.

내 힘으로 하려다가 탈진하는 일이 없도록
당신 안에서 언제나 깨어 살게 하시며

지상에서 맺어진 그와의 소중한 인연을
당신이 나에게 주신 큰 축복임을 명심하게 하셔서
겨울엔 그를 향한 나의 사랑이 더욱 따뜻하게 하소서.

12월

그대 떠난
들녘은 텅 비어 있었다.
허전한 뒷모습조차 볼 수 없었다.

그대 떠난
들녘은 차디차게 몸을 도사렸다.

아무것도 남기지 않고
그대는 소리 없이 떠나고

바람이 불면
바람 속에서 목쉰 소리를 냈다.

사랑은
견디어 내는 것

그대가 그리워지면 곧 오실 그대를 기다리며
새로운 꿈속에 젖어 들었다.

오늘을 살아라

당신이 나에게 주시는 마음
오늘을 충실히 살아라.

오늘 안에 모든 것이 있다.
어제도 내일도
내가 사는 오늘 안에 있다.

오늘을 놓치면 어제는 텅 비게 되고
내일의 별은 희미해지지.

너는 오늘을 살아라.
어제도 내일도 생각하지 말라.

열매 맺고 싶거든
다만 오늘을 충실히 살아라.

가을 오후

가을 햇살이 따스하다.
고요하고 평화로운 오후.

시골 운동장처럼 텅 빈
시간의 공간을 홀로 걷는다.

보이는 것 하나하나
눈으로 쓰다듬는다.

가을 하늘의 투명함처럼
모든 것이 가을엔 투명하다.

몸살기를 앓고 난 후의
개운함이다.

가을 한낮
텅 빈 시간의 공간을 유유히 걸으며
이렇게도 풍성하고 뿌듯해도 되는 것일까.

조정하의 신앙세계

조 윤 호

(시인. 해외문학 발행인)

세상에서 좋은 기독교 신앙시집을 찾기가 어렵다. 시인들은 많다고 하는데 왜 그럴까? 그것은 좋은 신앙시를 쓰기가 얼마나 어려운가를 말해준다.

그러던 차에 조정하 여류시인이 시집을 내어달라고 원고를 보내왔다. 그의 시를 읽어가면서 너무도 완벽한 기독교 신앙시가 담겨 있어서 나는 솔직히 깜짝 놀랐다. 한 가정주부 시인이 이렇게 진리와 사랑의 깊이가 느껴지는 신앙시를 썼다는 것이 도무지 믿어지지가 않아서이다.

"인생은 / 한 권의 두꺼운 일기장. // 계절이 바뀔 때마다 / 새로운 빛깔과 다른 이야기가 있습니다. // 하루하루가 / 기록된 내 일기장에는 // 얼룩이 많고 눈물자국도 보이지만 / 당신의 아름다운 이야기도 있습니다. // 지금은 인생 가을 / 이젠 맑은 하늘과 바람이 깃들었으면 합니다. / 당신의 사랑 이야기로 채워졌으면 합니다."

– 「인생의 일기장」

이 시는 표제 시인데 "하루하루가 기록된 내 일기장에는 얼룩이 많고 눈물자국도 보이지만, 당신의 아름다운 이야기도 있다."면서 이 "일기장에 당신의 사랑 이야기로 채우겠다"는 시인의 의지가 엿보인다. 여기서 하나님을 하나님 한 분으로 표현하지 않고 당신으로 표현한 것은 여러 가지로 이해될 수 있게 하는 성숙한 시적 표현이라 할 수 있다.

바람이 심하게 부는 밤에도
울음을 참았습니다.

긴 가뭄에 쓰디쓴 목마름에도
눈을 감고 견디었습니다.

이 약속의 땅에서
당신을 기다리며

언젠가는 당신의 손에 다듬어질 하나의
튼실한 갈대 피리이기를 바랐습니다.

당신의 선택을 받는다는 것은
황홀한 일입니다.

오늘도 바람 부는 하얀 갈대밭 한 귀퉁이에서
아무런 장식도 없는 노래를 당신에게 띄어 보냅니다.

—<갈대>

조정하 시인의 인생 일기장을 열어보니 "갈대"라는 이 시는 하나님과의 만남을 노래한 시다. 하나님을 만나기 위해서는 울음을 참아야 했고, 쓰디쓴 목마름에도 눈을 감고 견디어야 했으며 하나님의 손에 다듬어질 하나의 튼실한 갈대이기를 바랐단다. 하나님의 선택을 받는다는 것은 "황홀한 일"이라고도 했다.

당신의 푸른 나무 위에
나는 초록색 새가 되어 둥지를 틉니다.

햇살이 뜨겁게 부서져 내리는 여름 오후

당신은 서늘한 그늘을 만드십니다.
하늘은 눈이 부시게 푸르고
깊은 고요 속에 묻혀 있습니다.

사랑에 취하면
모든 것이 아름답습니다.

당신이 내 안에 계시니
시끄럽던 마음이 이제 고요하기만 합니다.

—<사랑에 취하면>

이 시는 사랑의 하나님을 만나 "사랑하면 모든 것이 아름답고, 하나님이 내 안에 계시니 시끄럽던 마음이 고요하기만하단다. 그것이 바로 사랑의 힘이다.

오히려
멀리 계십시오.

바람결에
향기를 보냅니다.

꿈을 꾸듯 피워
먼 하늘을 보면

하늘은
아득한 당신.

그리움으로
가득 찬 마음.

진한
향기가 되었습니다.

—<천리 향>

이 시는 하나님께 바치는 사랑 시이다. 시적 화자는 "그리움으로 가득 찬 마음으로", "바람결에 향기를 보낸다."면서도 "오히려 멀리 계시라"고 말한다. 표면적인 뜻과 내면적인 뜻은 정반대이다. 이것은 바로 하나님에 대한 사랑을 더욱 강조하기 위한 아이러니 수사법으로 표현된 것이다.

만약 우리가
서로의 슬픔을 보듬어 준다면
서로의 고통을 보듬어 준다면
세상은 한결 부드러워질 거야.

사람들의 마음은 온유해질 거야.
우리의 마음이 꽃처럼 아름답다면
우리의 마음이 꽃처럼 향기롭다면

삶이란
따스한 것일 거야.
서로의 마음에선 훈풍이 불어올 거야.

-<만약 우리가>

이 시는 예수님의 이웃사랑을 노래한 시라고 할 수 있다. 나와 전혀 관계없는 사람의 슬픔을 보듬어 주고, 고통을 보듬어 줌으로써 세상은 한결 부드러워질 것이라는 것. 마음은 온유해 질 것을 노래한다. 우리의 마음이 꽃처럼 아름답고, 향기롭다면, 우리의 삶은 따스하고 훈풍이 불어올 만큼 가치 있는 삶이 될 것이란다.

하늘은 하도 외로워
땅에게 말을 걸었습니다.

땅은 너무 가진 것이 많아
하늘의 소리를 듣지 못했습니다.

하늘은 나직하게 속삭이다가
그만 아득해 졌습니다.

메말라 아무 것도 듣지 못하는
땅이 안타까워
부드러운 속삭임은 조용히
이슬비로 변했습니다.

-<이슬비>

이 시는 이 세상이 가진 것이 너무 많아 하나님을 외면하는 바람에 하나님이 외로워서 이 땅에 말을 걸어온다는 것이다. 하나님은 사람과의 관계가 메말라 안타까워 눈물(이슬비)을 흘린단다. 참으로 감동적이고 아름다운 시다.

말이라는 건 찔레꽃 나무와도 같다.
아름다운 말은 찔레꽃으로 피어
향기를 발하지만

거친 말은 가시가 되어
온몸을 찌른다.

그대가 무심히 던진 말에 찔려
이따금 신음하는 나를 본다.

그대의 상냥한 말 한마디에
온종일 향기에 취해 있는 나를 본다.

-<말이라는 것>

이 시는 "아름다운 말은 찔레꽃 나무같이 꽃으로 피어 향기를 내지만, 거친 말은 가시가 되어 온몸을 찌른다"는 이미지의 표현은 참으로 수준 높은 묘사가 아닐 수 없다. "그대가 무심히 던진 말에 찔려 신음하는 나를 본다"면서 "그대의 상냥한 말 한마디는 온종일 향기에 취해 있는 나를 본다"면서 말 한마디라도 조심해야 한다고 타이른다.

꽃이 필 때는
꽃이 질 때를 생각하지 않았다.

사랑할 때는
미워할 때를 생각하지 않았다.

뒤돌아보니 꽃이 필 때도
질 때도 있음을 알겠다.

하늘이 있음으로
땅이 있음을 알았다.

당신이 있음으로
내가 있음을 알았다.

–<사랑>

이 시는 존재 인식의 시라 할 수 있다. 꽃이 필 때는 꽃이 질 때를 생각하지 않듯이 사랑할 때는 미워할 때를 생각하지 않게 된단다. 우리가 서로 미워하지 않으려면, 먼저 사랑해야 한다는 것이다. 또 하늘이 있음으로 땅이 있음을 알고 보니 하나님이 있음으로 내가 존재한다는 것을 알았단다. 시적 주제나 표현력이 뛰어나 참으로 감명 깊은 시다.

어쨌든 조정하 시인은 자연의 이미지로 탁월하게 묘사한 시를 통해 현대를 살아가면서 지친 사람들에게 위로와 힐링을 제공하고 있다.

작가에 관하여

조정하는 1961년 여수에서 출생한 여류시인이다. 2009년 「해외문학」 신인상에 시가 당선되어 등단했고, 2010년 「창조문학」 신인상에도 시가 당선되었다. 현재 매사추세츠 주에 거주하는 조 시인은 시집으로 첫 시집 「나팔꽃」, 제2시집 「조개껍질」을 출간했다. 해외문인협회 (미국) 회원이다.

조 정 하 시집

인생의 일기장

2020년 10월 30일 인쇄
2020년 10월 30일 발행

지은이 조 정 하
펴낸이 신 용 호
펴낸곳 창조문학사

서울 서대문구 가좌로 86 동천아카데미 5층
등록번호 제1-263호
전화 374-9011, Fax 374-5217
공급처 한국출판협동조합 전화 716-5616~9

값 10,000원
ISBN 978-89-7734-774-8